Inhalt

Schreibe die Wörter zu den Bildern.

Wörter zu den Bildern mit der Lautkette sprechen, Laute abhören und Buchstaben aufschreiben

– + ++ *

Schreibe die Wörter zu den Bildern.

____

____

____

____

____

____

Wörter zu den Bildern mit der Lautkette sprechen, Laute abhören und Buchstaben aufschreiben

– + ++ *

Schreibe die Wörter zu den Bildern.

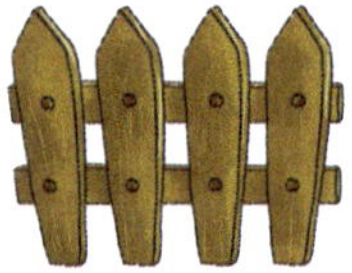

– + ++ *

 Wörter zu den Bildern mit der Lautkette sprechen, Laute abhören und Buchstaben aufschreiben

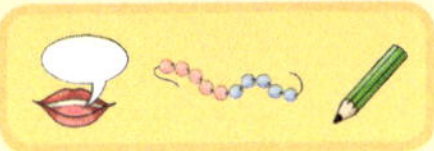

Schreibe die Wörter zu den Bildern.

Nur wenn du diese Wörter
langsam und deutlich sprichst,
hörst du **el** oder **er** am Ende.

Sammle in deinem Heft
weitere Wörter mit **el** oder **er** am Ende.

Wörter zu den Bildern mit der Lautkette sprechen, Laute abhören und Buchstaben aufschreiben,
weitere Wörter mit el oder er ins Heft schreiben

– + ++ *

Trage die Buchstaben ein.

Sofa

___egal

Ti______

Bu______

Lam___e

Rad___o

Leit___r

Taf___l

 Wörter zu den Bildern mit der Lautkette sprechen, Laute abhören und fehlende Buchstaben eintragen

–	+	++	*

Welches Wort ist kein Mitsprechwort? Kreise ein.

1	der Tisch	die Vase	das Regal	die Flasche
2	der Mantel	der Schal	der Hut	der Schuh
3	die Wiege	das Telefon	das Sofa	die Lampe
4	der Turm	der Wagen	das Auto	die Puppe
5	das Buch	die Karte	das Spiel	das Heft
6	die Tasche	die Tüte	der Korb	die Schale

Ein **Mitsprechwort** schreibt man so, wie man es spricht.

Wörter lesen und in jeder Zeile ein Wort einkreisen, das nicht lauttreu ist

– + ++ *

Schreibe die Wörter zu den Bildern.

1 ____________

2 ____________

3 ____________

4 ____________

5 ____________

6 ____________

7 ____________

8 ____________

Schreibe
vier Mitsprechwörter auf.

____

– + ++ *

 Bilder zu den Wörtern schreiben und vier eigene Mitsprechwörter aufschreiben

Das kann ich: Mitsprechwörter erkennen

Welches Wort ist kein Mitsprechwort? Kreise ein.

1	der Hase	der Vogel	die Maus	die Ente
2	das Küken	der Schwan	der Hahn	der Frosch
3	die Ziege	das Schwein	der Hase	der Fisch
4	das Kamel	das Lama	der Affe	das Nashorn
5	das Pony	der Wurm	die Ameise	der Löwe
6	der Wal	das Schaf	der Elefant	der Hund

Male und schreibe Wörter mit V, v.

der Vulkan

Mein Rätsel zu einem Wort mit **V**, **v**:

– + ++ *

Male und schreibe Wörter mit Qu, qu.

Mein Rätsel zu einem Wort mit **Qu**, **qu**:

Male und schreibe Wörter mit Eu, eu.

Mein Rätsel zu einem Wort mit **Eu**, **eu**:

– + ++ *

Male und schreibe Wörter mit ß.

Mein Rätsel zu einem Wort mit **ß**:

Male und schreibe Wörter mit C, c, ch.

Mein Rätsel zu einem Wort mit **C**, **c**, **ch**:

– + ++ *

Male und schreibe Wörter mit Y, y.

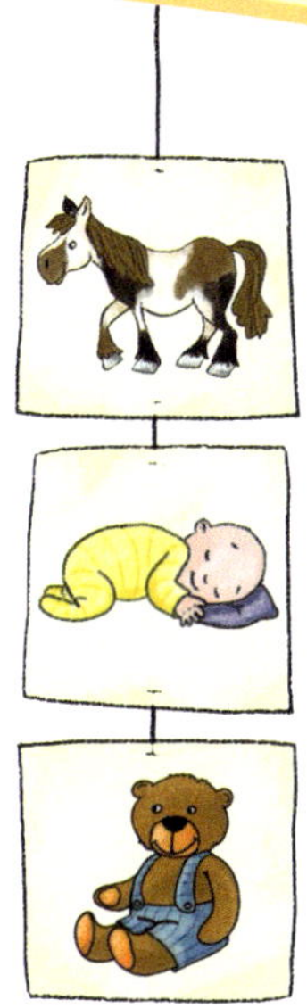

Mein Rätsel zu einem Wort mit **Y**, **y**:

Male und schreibe Wörter mit X, x.

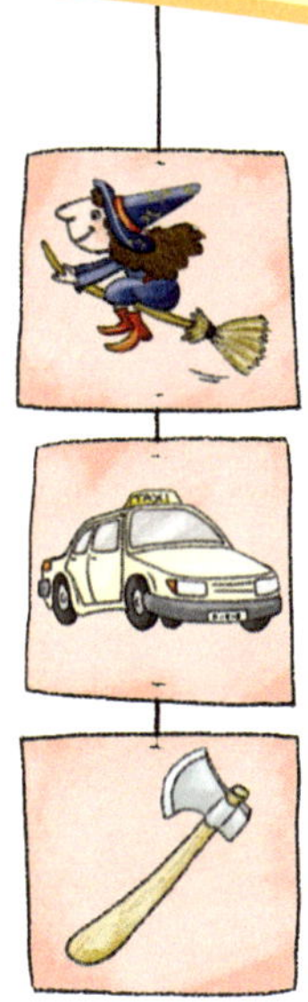

Mein Rätsel zu einem Wort mit **X**, **x**:

– + ++ *

Das kann ich: Merkwörter schreiben

Schreibe die Wörter zu den Bildern.

der Vogel

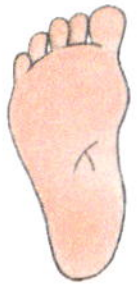

| – | + | ++ | * |

Setze **b** oder **p**, **d** oder **t**, **g** oder **k** richtig ein.

 die Zwer_g_e

 der Zwer_g_

 die Bän___e

 die Ban___

 die Ber___e

 der Ber___

 die Pfer___e

 das Pfer___

 die Hun___e

 der Hun___

 die Bro___e

 das Bro___

 die Kör___e

 der Kor___

 die Sie___e

 das Sie___

 die Die___e

 der Die___

–	+	++	*

Male und schreibe Wörter mit **b**, **d** oder **g** am Ende.

die Könige

der König

Mein Trick:

Bei  höre ich ein **t**.
Warum schreibt man Hund mit **d**?

eigene Wörter mit b, d oder g in Mehrzahl und Einzahl malen und schreiben, eine eigene Begründung für die Schreibweise notieren

– + ++ *

Setze **ä** oder **e** und **äu** oder **eu** richtig ein.

die H_a_nd

die H_ä_nde

der ___pfel

die ___pfel

das Z___lt

die Z___lte

der B_au_m

die B_äu_me

das F___er

die F___er

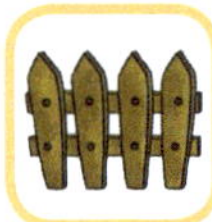
der Z___n

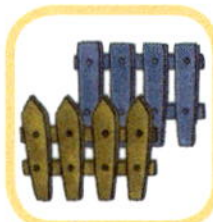
die Z___ne

der K___mm

die K___mme

das H___s

die H___ser

der ___st

die ___ste

– + ++ *

Male und schreibe Wörter mit **ä** und **äu**.

der Kamm

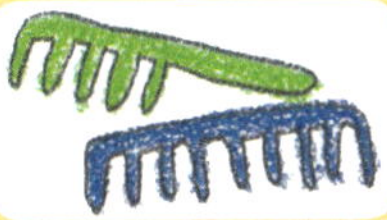
die Kämme

Mein Trick:

Warum schreibt man Bäume mit **äu** und nicht mit **eu**?

eigene Wörter mit ä und äu malen und schreiben,
eine eigene Begründung für die Schreibweise notieren

– + ++ *

Schreibe die Wörter. Klingt das i lang _ oder kurz • ?

die Ziege

der Fisch

der Brief   der Tisch   der Pilz   ~~die Ziege~~   die Biene   ~~der Fisch~~

– + ++ *

Wörter zum Bild schreiben, Wörter deutlich sprechen und abhören, kennzeichnen, ob das i lang oder kurz klingt

Sammle Wörter mit **ie** und **i**.

(i) klingt lang — → Wörter mit ☐	(i) klingt ☐ • → Wörter mit ☐
die Ziege viel	der Fisch mit

eigene Wörter mit ie und i sammeln, kennzeichnen, ob das i lang oder kurz klingt, die Begründung für die Schreibung ergänzen

– + ++ *

Setze **Sch**, **Sp** oder **St** richtig ein.

der St_____ern

der _______al

die ______inne

die _______necke

das ______iel

der ______ein

der ______iegel

der ______ift

das _______wein

–	+	++	*

Sammle Wörter mit **Sp**, **sp** und **St**, **st**.

Ich spreche schp, aber ich schreibe ☐.	Ich spreche ☐, aber ich schreibe ☐.
die Spinne sprechen	der Stern steht

eigene Wörter mit Sp, sp und St, st aufschreiben oder ausschneiden, die Begründung für die Schreibung ergänzen

– + ++ *

Setze die richtigen Buchstaben ein.

 der Zwer____

 das Zel____

 die B____lle

 die B____me

 der St____ft

 die Fl____ge

 der ____iegel

 der ____uhl

– + ++ *

Lies die Wörter und trage die Zahlen ein.

- (5) der Hund
- ( ) die Katze
- ( ) der Traktor
- ( ) der Strohballen
- ( ) die Polizistin
- ( ) der Landwirt
- ( ) die Straße
- ( ) die Gummistiefel

Kreise die schwierigen Stellen in den Wörtern ein.

Schreibe die Wörter von Seite 27 hier ab.

1. die Polizistin
2.
3.
4.
5.
6.
7.
8.

– + ++ *

Male richtig an und schreibe mit dem  ab.

Ein Käfer sitzt auf meiner Hand. Er kommt
aus einem fernen Land. Rot, gelb und grün
so sieht er aus. Er ruht sich erst mal bei mir aus.

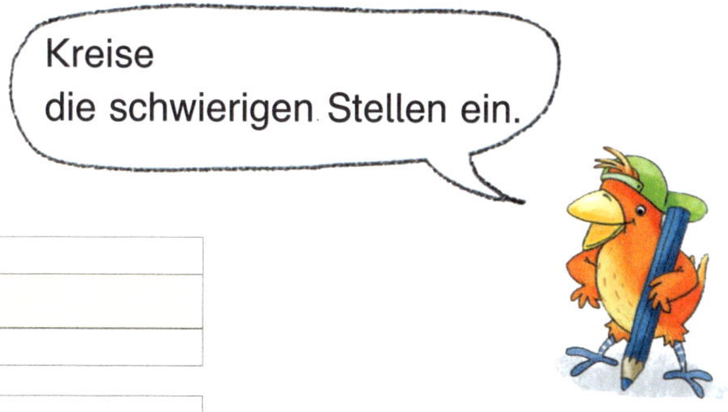

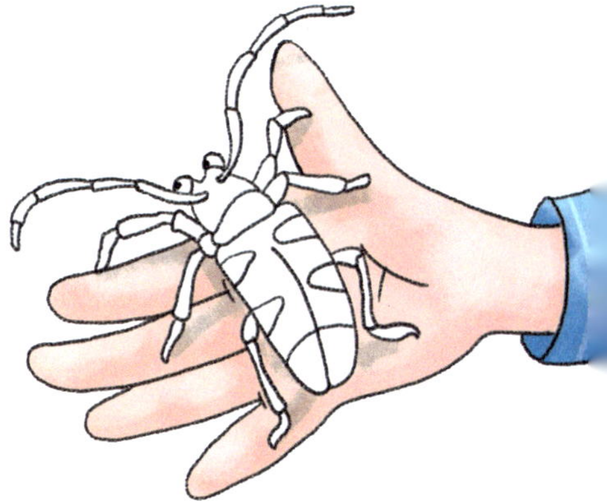

Male, was fehlt und schreibe mit dem ab.

Die Spinne spinnt den ganzen Tag,
weil sie so gerne Fliegen mag. Die Fliege aber
ist nicht dumm. Sie fliegt um das Netz herum.

Kreise
die schwierigen Stellen ein.

– + ++ *

Schreibe den Text von Seite 29 ab.

– + ++ *

Toll gemacht!
Wenn du das Heft umdrehst,
kannst du Wörter, Sätze und
Texte schreiben.

Mein Abschreibpfeil

1 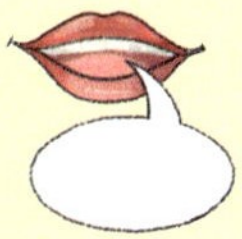
sprechen

2 

merken

3 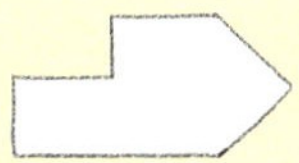
abdecken

4 

schreiben

5 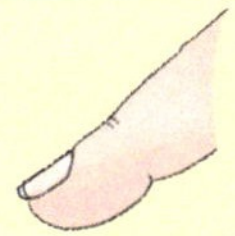
prüfen

(Name)

Schneide den Abschreibpfeil aus und beklebe ihn mit Folie.
Verwende den Pfeil dann zum Abschreiben.

Mit dem Abschreibpfeil schreiben

Mit dem Anlaut-Mobile schreiben

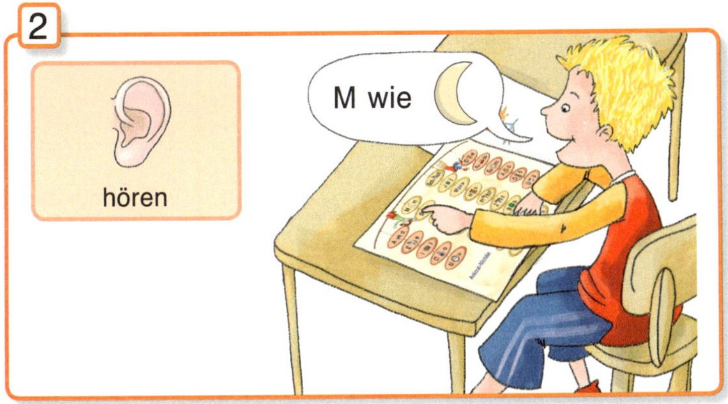

Wort vorsprechen, passenden Laut auf dem Anlaut-Mobile suchen, Buchstaben schreiben, Wort lesen und prüfen, ob für jeden Laut ein Buchstabe geschrieben wurde

Inhalt

Male dein ♥-Wort und schreibe es auf.

– + ++ *

Male dein ❤-Wort und schreibe es auf.

–	+	++	*

Wähle Bilder aus und schreibe das Wort zum Bild.

– + ++ *

4 *Bilder auf Seite 25 auswählen, ausschneiden, einkleben und Wort dazu schreiben*

Wähle Bilder aus und schreibe das Wort zum Bild.

– + ++ *

Bilder auf Seite 25 auswählen, ausschneiden, einkleben und Wort dazu schreiben

Schreibe die Wörter zu den Bildern.

der Löwe

die

das

das

das

der

Wort zum Bild sprechen, abhören und schreiben

–	+	++	*

Schreibe die Wörter zu den Bildern.

das ________________________

das ________________________

die ________________________

das ________________________

der ________________________

die ________________________

Wähle Bilder aus und schreibe Sätze.

– + ++ *

 Bilder auf Seite 25 auswählen, ausschneiden, einkleben und Satz dazu schreiben

Wähle Bilder aus und schreibe Sätze.

Bilder auf Seite 25 auswählen, ausschneiden, einkleben und Satz dazu schreiben

– + ++ *

Schreibe Sätze auf.

– + ++ *

Schreibe Sätze auf.

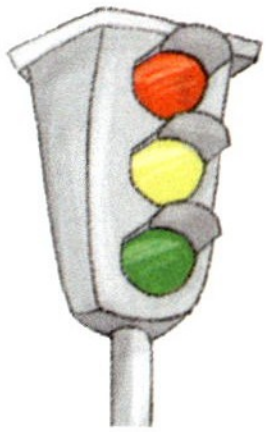

Male und schreibe Sätze auf.

– + ++ *

Wähle ein Bild aus und schreibe dazu.

Male weiter und schreibe dazu.

– + ++ *

Male weiter und schreibe dazu.

Bild weiterzeichnen und eine Geschichte zum Bild schreiben

– + ++ *

Schreibe eine Geschichte zum Bild.

– + ++ *

Schreibe eine Geschichte zum Bild.

Wähle eine Überschrift aus und schreibe dazu.

☐ Mein Lieblingstier 

☐ Mein Lieblingshobby 

☐ Meine beste Freundin 

☐ Mein bester Freund 

–	+	++	*

Wähle eine Überschrift aus und schreibe dazu.

☐ Ein Glückstag 

☐ Ein Unglückstag 

☐ Ein anstrengender Tag

☐ Ein schrecklicher Tag

Wähle einen Anfang aus und schreibe weiter.

☐ Ich schlafe.
Im Traum bin ich …

☐ Ich bin auf einer Wiese.
Da entdecke ich …

– + ++ *

Wähle einen Anfang aus und schreibe weiter.

☐ Plötzlich klopft es an der Tür.

☐ Plötzlich erwache ich in meinem Bett.

Schreibe Sätze auf.

– + ++ *

Male und schreibe dazu.

Bild weiterzeichnen und eine Geschichte zum Bild schreiben

– + ++ *

Hier kannst du einen Briefumschlag
einkleben. In den Umschlag
kannst du die ausgeschnittenen Bilder
von der nächsten Seite hineinlegen.

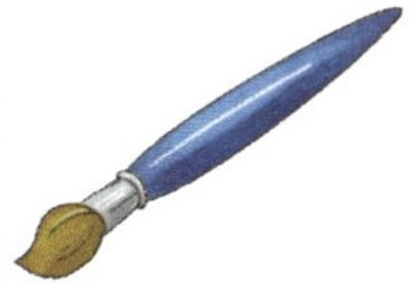